AF310924

ÉLOGE HISTORIQUE DE SUGER,

ABBÉ DE SAINT-DENIS,

RÉGENT DU ROYAUME

SOUS LE REGNE

DE LOUIS VII,

DIT LE JEUNE, ROI DE FRANCE.

PAR G. M. D. C.

Si qua videbuntur cafu non dicta latinè
In qua fcribebat barbara terra fuit.

A AMSTERDAM.

M. DCC. LXXIX.

AVERTISSEMENT.

L'Académie Française ayant proposé l'éloge de Suger pour sujet du prix d'Eloquence en 1779, Mr. G. M. D. C. a cru devoir profiter du moment, où la France avoit les yeux fixés sur ce grand Homme, pour rendre public l'Eloge historique qu'il a composé : s'il ne l'a pas envoyé à l'Académie Française pour le concours, c'est qu'il sent combien un Etranger est loin de pouvoir atteindre à cette perfection de style, qu'un des Membres les plus éloquents de l'Académie Française regarde avec raison comme l'objet principal de cette Compagnie.

ÉLOGE HISTORIQUE

DE

SUGER,

ABBÉ DE SAINT-DENIS,

LES vains préjugés de la naiſſance ne corrompirent pas l'ame de Suger; l'obſcurité & la pauvreté entourerent ſon berceau. (1) Né dans cette claſſe du peuple, où la néceſſité de pourvoir aux beſoins journaliers abſorbe toutes les idées, il auroit augmenté la foule de ces êtres ignorés, que la tombe engloutit tout entiers, ſi une grande ame pouvoit être enchaînée par le malheur des circonſtances; en vain ſemblerent-elles ſe multiplier pour l'empêcher de s'élancer hors du cercle étroit qui paroiſſoit lui être deſtiné : la baſſeſſe de ſon origine ne fut pas le ſeul écueil qu'il eut à éviter, il dut auſſi lutter contre la foibleſſe de ſes organes & contre la barbarie de ſon ſiecle; elle étoit telle, que la religion même n'avoit conſervé que la pureté de ſes dogmes, tandis que ſa morale étoit oubliée ſous l'empire de la ſuperſtition : l'uſage, commun alors, d'offrir à Dieu des enfants encore incapables d'aucune vocation en eſt un exemple frappant : Suger en fut la victime; à peine avoit-il dix ans, que ſes parents le conſacrerent au ſervice des autels dans l'Egliſe de Saint-Denis : c'eſt là que ſe forma ſon

A ij

enfance, & que germerent ces qualités sublimes dont le développement lui assura cette célébrité, qui le rend aujourd'hui si digne de nos éloges.

A combien de titres ne les lui devons-nous pas? Par ses vertus & ses talents il fit honneur à l'humanité; par sa régularité & sa piété, il servit de modele à ceux qui embrassoient l'état monastique; par son intégrité & sa sagesse, il mérita d'être mis au rang des plus grands Ministres qui gouvernerent la France.

PREMIERE PARTIE.

NE regrettons pas de voir les premieres années de Suger couvertes d'un voile épais, qui les dérobe à nos regards : moins son éducation avoit été recherchée, moins son caractere étoit décidé : ses idées avoient la même simplicité que les objets qui jusqu'alors les avoient fait éclorre : son ame neuve encore étoit susceptible de toutes les impressions, lorsqu'il fut transporté dans le cloître, seul asyle où les sciences s'étoient refugiées.

Ainsi que l'on voit l'habitant des forêts choisir les productions salutaires de la nature au milieu des poisons, que la même terre nourrit; tel Suger, guidé par un jugement sain, sut toujours discerner les sciences qui étendent les bornes de l'esprit humain, de celles qui ne servent qu'à retarder les progrès des connoissances vraiment utiles, en augmentant la masse des préjugés.

Heureux d'avoir été doué de ce discernement dans un siecle „ où je ne sais quel jargon barbare & scienti-„ fique, encore plus méprisable que l'ignorance, avoit „ usurpé le nom du savoir, & opposoit à son retour un „ obstacle presque invincible : „ Telle est l'idée que nous donne de ces siecles d'ignorance un Moderne aussi célebre par sa bizarrerie que par son génie (2) & sa philantropie. Mais ce tableau n'est-il pas trop chargé? La Théologie, il est vrai, avoit perdu ce caractere sacré, qui seul peut la rendre respectable; mais on ne se bornoit pas à l'étude de la Théologie : on étudioit dès-lors les Auteurs qui nous servent encore de modeles aujourd'hui.

Homere, Virgile, Lucain étoient familiers à Suger ;
Horace même, dont la morale étoit si différente de la
sienne, avoit de tels charmes pour lui, qu'il en récitoit
quelquefois jusqu'à trente vers de suite : le mépris qu'il
avoit pour la morale de l'Epicurien ne l'empêchoit pas
d'apprécier le sel attique du Poëte : cette étude le pré-
serva de la contagion générale ; c'est dans cette source
féconde, qu'il puisa cette éloquence mâle, qui faisoit
taire les passions à sa voix & subjuguoit la volonté de
ceux qui l'écoutoient.

Galon, Evêque de Paris, conteste-t-il à l'Abbaye de   1107.
Saint-Denis son exemption ? c'est à Suger que l'Abbé
Adam confie cette cause si importante : les droits des
deux parties sont discutés à la Charité-sur-Loire en présence du Pape Pascal : Suger parle, & tous les suffrages
sont entraînés ; son sentiment devient celui de l'assemblée entiere ; les droits de l'Abbaye de Saint-Denis sont
confirmés, & le Pape ne peut refuser son estime au défenseur.

C'est ainsi que Suger se distinguoit autant parmi les
autres Religieux, que les Religieux se distinguoient alors
parmi les Laïques : les Monasteres, devenus le sanctuaire des sciences, sentoient combien il leur étoit important de les cultiver : c'étoit elles qui leur assuroient
un empire mérité sur l'esprit peu éclairé de leurs concitoyens ; celui de Saint-Denis, peu éloigné de la Cour
& souvent honoré de la présence de ses Souverains, joi-
gnoit à la culture des sciences une certaine urbanité de
mœurs, propre à tempérer cette rigidité dont les cloîtres
sont rarement exempts.

C'est là que Suger, semblable à un ruisseau qu'ac-
croissent les eaux qui s'y joignent successivement, acqué-
roit chaque jour de nouvelles connoissances en avançant
dans sa carriere.

Déja il avoit étudié l'Ecriture-Sainte avec une telle
application, que jamais on ne lui faisoit de question sur
ce Livre sacré, à laquelle il ne fût en état de répondre
à l'instant. (3)

Il n'avoit négligé ni la Poésie ni la Physique ; (4) mais
l'Histoire sur-tout avoit des charmes pour lui : convaincu
que le premier devoir d'un citoyen est d'acquérir les
connoissances qui peuvent le rendre utile à sa patrie,

Suger fait que pour la fervir il faut connoître fes intérêts & fes rapports : quel maître plus fûr dans cette carriere, que l'Hiftoire ? C'eft elle qui retrace à nos yeux les fautes & les fuccès des fiecles paffés, pour fervir de leçons aux fiecles qui les fuivent.

Bientôt il cherche à débrouiller le cahos de l'hiftoire nationale : l'aridité des Auteurs de fa nation ne le rebute pas : femblable à ce grand homme, à ce Chancelier (5) qui fut enflammé comme Suger, de cette paffion du bien public, feule digne des grandes ames, il lit les Annaliftes Français avec la même application, qu'il a lu les Auteurs du fiecle d'Augufte.

Ses travaux hiftoriques ne fe bornent pas à l'étude de l'hiftoire ; devenu lui-même Hiftorien, il tranfmet à la poftérité les faftes d'un regne illuftré par fes propres lumieres : & il conçoit le projet de ces grandes chroniques, qu'on regarda depuis comme les archives du royaume. (6)

Son ftyle, il eft vrai, eft bien éloigné de la nobleffe & de la précifion qu'exige l'Hiftoire, mais la féchereffe rebutante de celui de fes contemporains le rend peut-être excufable d'avoir trop fouvent orné fon ouvrage des fleurs de la Poéfie. (7)

Ses lettres font écrites d'un ftyle plus ferré ; elles atteftent à chaque ligne les qualités de fon cœur ; auffi l'avoit-il formé avec autant de foin que fon efprit.

Jamais les paffions n'étendirent leur empire fur fon ame ; la vertu feule y regnoit ; non cette vertu farouche & intolérante, qu'on n'eftime qu'avec répugnance ; mais cette vertu humaine & indulgente, qui attire les cœurs & fait fe faire aimer & refpecter également.

Exemple frappant, qui prouve que les paffions ne donnent pas feules de l'énergie à l'ame : celle de Suger eft telle, que fans impulfion étrangere elle tend toujours à la vertu comme à fon centre.

Jamais la voix de la pauvreté ne lui étoit importune, il faififfoit avec empreffement les occafions, qu'elle lui découvroit, de foulager l'indigence ; les plaintes des opprimés trouvoient toujours fon cœur ouvert à la fenfibilité, & fon crédit prêt à les protéger ; les cris de l'humanité fouffrante ne frappoient jamais fon oreille fans lui rappeller que les hommes étoient fes freres ; mais cette bienfaifance, qui lui étoit naturelle, n'avoit nullement affoibli la fermeté de son caractere ; il aimoit à trouver les accusés innocents sans cesser d'être un juge austere pour les vrais coupables.

Il savoit allier la candeur des mœurs avec la noblesse des sentiments, les vertus chrétiennes avec les devoirs du siecle, la simplicité d'un Religieux avec l'élévation d'ame d'un Ministre.

Sa générosité étoit sans bornes ; elle s'étendoit également sur tous les Monasteres. Bienfaisant pour le seul plaisir de l'être, la joie qu'il éprouvoit en secourant ceux qui imploroient son assistance, étoit plus vive que celle de ceux qui recevoient ses bienfaits.

Son intégrité & son amour pour la justice étoient si généralement connus, que les étrangers avoient recours à lui avec la même confiance que les Français. (8)

Telles sont les qualités qui lui assurerent l'attachement & la vénération des Religieux de son Monastere, l'intimité & l'amitié des Grands du Royaume, les hommages & l'admiration des hommes les plus célèbres de son siecle : elles le rendirent digne d'être le favori & l'ami de son Maître, & lui procurerent l'avantage si rare de conserver sans nuage la faveur de deux Rois.

C'étoit à Saint-Denis qu'on élevoit les héritiers du Trône, c'étoit à l'ombre du tombeau de leurs aïeux, qu'on cultivoit le cœur & l'esprit de ces enfants destinés à gouverner un jour la France : quel spectacle plus instructif & plus imposant pouvoit-on mettre sous leurs yeux que celui du sanctuaire, où les cendres des Rois, & les superbes monuments qui les renferment, rappellent à la fois leur néant & leur grandeur.

O vous, qui fûtes chargés de ce dépôt sacré lorsque le Roi Philippe vous confia son fils, vous sentîtes, sans doute, combien il est important de choisir avec discernement ceux qui entourent l'enfance d'un Prince, dont le caractere décidera un jour du bonheur d'une nation entiere : vous étiez convaincus, que c'est à cet âge qu'on reçoit des impressions d'autant plus fortes, qu'elles agissent sur des organes plus susceptibles d'être ébranlés : rien ne le prouve mieux, que le choix que vous fîtes du jeune Suger pour être le compagnon du fils de votre Roi : ce fut parmi vous que ces enfants, que leur naissance sembloit destiner à vivre dans un si grand éloignement, contracterent une amitié d'autant plus folide, que ni l'efpoir de la fortune, ni le befoin des fervices ne la cimenta.

Entraînés par le feul penchant de leurs cœurs, ils fuivirent cet inftinct naturel, qui unit les hommes dont les caractères fympatifent, fans égard pour ces diftinctions arbitraires, que la nature ignore, mais que la civilifation a rendu néceffaires.

Heureux les Rois qui ont le bonheur d'avoir des amis, dont l'amitié leur a été acquife dans un temps où la nature dirigeoit feule leurs affections! heureux le fujet qui ne fe laiffe pas éblouir par la faveur de fon maître, & qui ne la regarde que comme un moyen d'être utile à fes concitoyens! tel fut Suger.

Cenfeurs emphatiques, qui voulez que les éloges empruntent leur plus grand éclat de la magie du ftyle, vous me reprocherez, fans doute, d'avoir négligé les preftiges de l'éloquence : ayez-y recours, je vous les abandonne; mais n'exigez pas que je porte envie à ceux que vous louez, fi leur célébrité dépend des exagérations de votre plume.

J'ai commencé l'éloge de Suger par le tableau de fes talents & de fes vertus, je l'acheverai en peignant l'emploi qu'il en fit dans le cours de fa carriere : heureux, fi mon pinceau peut imiter la noble fimplicité qui le caractérifa!

<hr>

SECONDE PARTIE.

Suger fut lire, fi j'ofe m'exprimer ainfi, dans les décrets de la Providence; il y vit que l'Etre fuprême ayant daigné communiquer au genre humain le code de la nature, il étoit entré dans le plan conçu par fa fageffe, de choifir parmi les hommes une claffe d'individus deftinés à en être les dépofitaires, & à veiller à fon obfervation.

Cette perfuafion lui fit fentir l'importance de fa vocation, & lui infpira le defir de s'en rendre digne : pour y parvenir, il pefe les devoirs de fon miniftere, il apprécie le rôle qu'il joue dans la fociété, & il cherche à diftinguer les rapports qui le féparent des autres hommes, des relations qui le font rentrer dans la claffe des fujets :

cette étude lui apprend à régler tellement sa conduite, que les devoirs qui lui sont imposés par la regle qu'il a embrassée, ne l'empêchent jamais de remplir ceux qui sont communs à tous les citoyens.

Humble & simple dans le cloître, il n'en montre pas moins de résolution lorsqu'il croit devoir agir avec vigueur : sa conduite, peu de temps après avoir été nommé Prévôt de Touri, en est une preuve éclatante.

Ses qualités brilloient chaque jour d'un éclat nouveau, & la faveur du Roi augmentoit en même proportion.

Mais si ce Prince rendoit justice à son mérite, les Religieux de Saint-Denis n'en étoient pas moins frappés.

L'Abbé Adam termine sa carriere, aussi-tôt tous les yeux sont fixés sur Suger, les suffrages sont unanimes, & Saint-Denis le reconnoît pour Abbé : ce n'est pas à l'intrigue qu'il doit son élévation, il étoit à Rome, & ignoroit la mort de son Abbé ; ce n'est pas à la faveur du Roi, l'élection s'étoit faite sans sa permission : son mérite seul fut son titre ; c'est à ses vertus qu'il dut l'honneur de se trouver à la tête d'un des plus célebres Monasteres de la France, & la gloire d'en être regardé comme le second Fondateur. (9)

De retour dans sa Patrie, sa premiere étude est d'examiner l'état de la maison dont il est devenu le chef : il ne néglige rien pour en connoître les intérêts & les prérogatives : déja comme simple Religieux il avoit puisé dans les archives de Saint-Denis les connoissances nécessaires pour en soutenir les droits : parvenu à la dignité d'Abbé, il ne dédaigne pas d'entrer dans les plus petits détails. Rien n'échappe à sa pénétration, il veut être instruit de tout : aussi n'est-il embarrassé par aucune affaire ; jamais il n'en entreprend sans être persuadé de la légitimité de sa cause : déja il s'est jugé lui-même avant d'exposer ses prétentions à la décision du Juge, & telle est la justesse de son jugement, que l'événement est toujours celui qu'il a prévu.

Sous son administration vigilante les droits négligés sont recouvrés ; les terres incultes sont rendues à la culture ; les édifices prêts à tomber en ruine sont réparés : tout prend une face nouvelle sous celui qui dirige tout par lui-même. (10)

A le voir accumuler des trésors de toutes especes, faire venir les ouvriers les plus expérimentés, projetter les ou-

vrages les plus vaftes, qui ne croiroit reconnoître les effets de l'ambition ? jamais elle ne fouilla l'ame de Suger :
fes vues font auffi pures que grandes ; c'eft à l'ornement
de la maifon du Seigneur que ces préparatifs font confa-
crés : ces richeffes circuleront parmi la claffe la plus utile
& la plus indigente des citoyens, elles vivifieront cet ordre du peuple, dont la fubfiftance dépend de la magnificence des Grands : ce font les artifans de toute efpece,
qui recueilleront les véritables fruits des entreprifes de
Suger.

Hommes vulgaires, vous ne voyez dans les édifices
publics que ce qui frappe vos regards bornés, tandis que
l'ami de l'humanité applaudit à ce moyen précieux de
foulager l'induftrie indigente, en encourageant l'amour
du travail, l'ennemi le plus redoutable des vices.

Suger déploie toute la magnificence poffible pour éle-
ver au Créateur de l'univers un Temple digne de fa def-
tination (11) ; mais pour lui, fatisfait d'une humble cel-
lule, il fait confifter fa grandeur dans l'exercice de fes
devoirs. C'eft en vain qu'il veut fe dérober aux éloges
qui lui font dus : Pierre le Vénérable, Abbé de Cluni,
étonné de la fomptuofité de l'Eglife de Saint-Denis, l'eft
bien plus encore de la fimplicité de la demeure de celui
qui l'a fait conftruire. Ecoutons-le s'écrier dans fon en-
thoufiafme : *Suger nous condamne tous en ne bâtiffant
que pour Dieu & non pour lui-même comme nous !* Mais
s'il s'oublioit lui-même, il ne veilloit pas avec moins de
foin à procurer à fes Religieux les bâtiments néceffaires,
& toujours il les dirigeoit de la maniere la plus commode
& la plus conforme à leur ufage.

Forcé de s'abfenter fouvent pour aller à la Cour, les
devoirs d'un Courtifan ne l'empêchoient pas de remplir
ceux qu'exigeoit de lui la qualité d'Abbé : s'abfentoit-il ?
il ne fe faifoit remplacer que par les fujets les plus ver-
tueux ; la fcience feule ne décidoit pas fon choix ; trop
éclairé pour n'être pas convaincu que la régularité fans
rigidité, la piété fans fuperftition, & la bonté fans foibleffe, font néceffaires pour faire regner l'union & l'é-
dification dans un Monaftere, fon choix étoit toujours di-
rigé d'après ce principe. (12)

Admis dans les délibérations les plus importantes, &
partageant, pour ainfi dire, les foins du Gouvernement

avec fon Maître ; il regarde comme un devoir d'étaler à la Cour une magnificence digne du Prince qui l'honore de fa confiance, & de la Monarchie dont les intérêts lui font confiés : la calomnie faifit avec avidité cette occafion de ternir fa réputation ; mais elle n'en reçoit qu'un nouvel éclat : le luxe de fes équipages, le fafte de fa fuite, la magnificence de fa table étoient le prétexte des traits envénimés qu'on lançoit contre lui, il l'apprend, tout eft réformé.

Son exemple frappe les Religieux qui lui font foumis, ils afpirent après la même réforme que leur Abbé vient d'embraffer, & il a la fatisfaction de les voir fe foumettre avec empreffement à un genre de vie plus conforme à leur état. (13)

Suger quitteroit même la Cour s'il ne confultoit que fon inclination ; mais, perfuadé que tout citoyen doit à fa Patrie le tribut de fes talents, il continue d'en être un des plus fermes appuis, & le rôle qu'il joue eft d'autant plus brillant, qu'il n'eft occupé que du bonheur & de la gloire du Royaume : grand comme homme, grand comme Religieux, grand comme Miniftre, fous quel afpect qu'on le confidere, la juftefle de fon jugement, la noble fimplicité de fon ame, & la fublimité de fes vertus, paroiffent dans un jour également avantageux ; mais jamais elles ne fe développerent avec plus d'éclat, que lorfqu'il tint d'une main affurée les rênes du Gouvernement ; c'eft fous ce dernier point de vue qu'il nous refte à l'envifager.

TROISIEME PARTIE.

LORSQUE Louis VI parvint au Trône, la France 1108. n'étoit pas, comme aujourd'hui, un Royaume puiffant & redoutable par fes forces réunies ; gouvernée par le fyftême féodal, elle renfermoit dans fon fein une foule de Souverains fans ceffe armés pour foutenir leurs droits légitimes, ou pour appuyer leurs injuftes prétentions : les Provinces obéiffoient à des Vaffaux toujours attentifs à faifir les occafions d'arracher à la foibleffe de leur fuzerain quelque conceffion nouvelle, &

toujours prêts à balancer fa puiſſance par des ſecours fournis à propos à ſes ennemis.

Le Souverain, dans l'impuiſſance de faire regner la tranquillité & l'union dans ſon Royaume, étoit réduit à ſemer la diviſion parmi ſes Vaſſaux, pour les empêcher de devenir redoutables à la Monarchie : il épioit avec ſoin les occaſions de recouvrer les domaines, qui avoient été le prix des ſecours qu'il s'étoit ſouvent vu forcé d'acheter de ſes ſujets : leur puiſſance, bien-loin d'augmenter celle du Monarque, ne pouvoit qu'exciter ſes juſtes alarmes.

La révolution qui avoit mis la Couronne de Charlemagne ſur la tête de Hugue-Capet, étoit encore récente ; ſes deſcendants étoient en proie à la crainte de voir renaître les mêmes circonſtances, & d'en devenir à leur tour les victimes.

En effet, quel ſpectacle effrayant la diviſion de la France n'offroit-elle pas à ſon Roi ? Les Comtés de Vermandois, de Crepi, de Valois & de Bar-ſur-Aube, obéiſſoient à Adele, du ſang de Charlemagne, qui les avoit portés pour dot à Hugue de France, oncle du Roi.

Robert de Mongommeri étoit Comte d'Alençon & de Bélême, du titre de Mabile ſa mere ; il étoit fils d'un de ces Héros qui aiderent Guillaume-le-Conquérant à cueillir, dans les plaines d'Haſting, ces lauriers qui ſuffirent pour lui aſſurer le Trône d'Angleterre.

Euſtache, frere du célebre Godefroi de Bouillon, étoit Comté de Boulogne. L'Anjou & le Maine appartenoient au fils de la fameuſe Bertrade, dont la validité du mariage avec le Roi Philippe eſt encore un problême.

Thibaut, Comte de Champagne, l'étoit auſſi de Blois, de Chartres & de Sancerre.

Le Duché de Normandie appartenoit au Roi d'Angleterre, & Alain, gendre de Guillaume-le-Conquérant, tenoit la Bretagne en fief du Duc de Normandie.

La Bourgogne, qui avoit été réunie à la Couronne ſous le Roi Robert, en avoit été de nouveau démembré en faveur d'un de ſes fils. Guillaume, Duc d'Aquitaine étoit Duc de Guyenne & Comte de Poitou. La Flandre, Province ſi eſſentielle par ſa proximité de l'Angleterre, étoit gouvernée par des Comtes d'autant plus redoutables, qu'ils poſſédoient de vaſtes domaines dans l'Empire. Toulouſe, Carcaſſone, le Lionnais, la Provence & la Franche-Comté avoient auſſi des Souverains particuliers.

Ces grands Feudataires de la Couronne n'étoient pas ſeuls à craindre; ceux du domaine des Rois, moins puiſſants, il eſt vrai, n'étoient pas moins dangereux par l'art qu'ils avoient d'intéreſſer dans leurs querelles les grands Vaſſaux, toujours avides d'abaiſſer la puiſſance royale; tels étoient les Seigneurs de Couci, de Rochefort, de Montmorenci, du Puiſet, de Montlheri, &c. &c.

Ce Gouvernement, auſſi orageux que compliqué, exigeoit les talents les plus variés dans celui à qui les rênes de l'Etat étoient confiées.

Les devoirs d'un Miniſtre ne ſe bornoient pas alors à proportionner les impôts aux beſoins des différents départements, à les repartir ſur le peuple de la maniere la moins onéreuſe aux ſujets & la plus utile au Souverain. Il n'avoit pas les forces de la France à ſa diſpoſition, & un ſimple ordre de ſa part ne ſuffiſoit pas pour augmenter les armées.

Reſtreint à des revenus fixes, il devoit régler les dépenſes ſur le produit des domaines, & les entrepriſes ſur le ſervice dû par les Vaſſaux; les domaines étoient preſque la ſeule ſource des richeſſes du Monarque; quelques modiques droits de paſſage, d'entrée & de ſortie faiſoient un objet peu conſidérable. (14)

L'adminiſtration de ces domaines étoit d'un tel détail, que tout particulier riche dédaigneroit aujourd'hui de veiller lui-même à une régie auſſi minutieuſe; du degré de perfection de cette régie dépendoit cependant la puiſſance des Monarques Français : c'eſt elle qui leur fourniſſoit les moyens de ſe faire reſpecter de leurs Vaſſaux, en prenant à leur ſolde des guerriers que la loi féodale n'obligeoit pas de ſe ranger ſous leurs drapeaux.

On ignoroit alors l'art de ſe procurer ces ſecours ruineux, qui parent au beſoin du moment, mais qui ſe font ſentir encore long-temps après par des maux plus funeſtes que ceux qu'ils ont palliés.

C'étoit par la vente, ou l'engagement des domaines, qu'on ſuppléoit au défaut des revenus, l'Etat ne contractoit pas de dettes.

Avec quel foin ne devoit-on pas éviter une reffource qui diminuoit la puiffance réelle du vendeur, & augmentoit en même proportion celle de l'acquéreur ?

Les relations politiques étoient peu étendues avant les Croifades ; de toutes les Puiffances étrangeres, la Cour de Rome exigeoit feule une attention fuivie du Miniftere Français : quelques légers différends avec l'Empire étoient auffi rares que peu importants ; celui qui éclata fous le regne de Louis-le-Gros, ne dut fon origine qu'à l'incroyable indifférence avec laquelle ce Prince avoit permis que le Pape lançât, dans les murs de Rheims, les foudres de l'Eglife contre l'Empereur.

A l'approche de l'Armée Impériale, toute la France s'arma, & donna à fon Souverain le fpectacle des forces de fon Royaume, & le regret bien plus vif de ne pouvoir pas en difpofer à fon gré.

La politique des Miniftres Français confiftoit à étudier les intérêts des grands Vaffaux, à foutenir les plus foibles contre les entreprifes des plus puiffants, & à profiter de leur affoibliffement mutuel pour acquérir de nouveaux domaines : parmi ces Vaffaux le plus redoutable étoit le Roi d'Angleterre : c'eft fous le regne de Louis VI, que la rivalité alluma le flambeau d'une guerre que fix fiecles n'ont pas éteint : les Monarques Anglais étoient toujours prêts à protéger les Français mécontents, & leur Cour étoit l'afyle naturel des ennemis de la France.

Jamais la communication entre l'Angleterre & les domaines des Rois Anglais en France n'étoit interrompue : les côtes de l'Océan & de la Méditerranée obéiffoient aux Vaffaux de la Couronne ; le pavillon des Rois de France étoit prefque inconnu fur la mer : ils n'avoient ni ports ni marine. (15)

Tel eft le tableau fidéle de l'état du Royaume au moment de l'avénement de Louis VI au Trône ; il étoit néceffaire pour pouvoir juger fainement de l'adminiftration de Suger ; il n'eft pas moins effentiel d'examiner par quels degrés il parvint au comble des honneurs.

Louis VI regnoit lorfque Suger ayant achevé fes études fuivit fon Abbé à la Cour ; cinq ou fix ans qui s'étoient écoulés depuis que le Roi avoit quitté Saint-Denis, n'avoient point affoibli fes fentiments pour le Compagnon de fon enfance : il s'applaudiffoit de trouver dans celui qu'il

honoroit de fon amitié, un de cès hommes dont le génie
femble deftiné à illuftrer leur fiecle & à faire le bonheur
de leurs concitoyens.

Admis dès-lors au Confeil d'Etat, fans autre titre que
l'amitié de fon Maître, Suger devint un des reflorts de la
Monarchie; Louis en étoit l'ame; mais dans l'impuiffance
de tout diriger immédiatement, il affocia, pour ainfi dire,
Suger au Gouvernement de l'Etat : nous ignorons les fervices qu'il rendit alors à la France dans l'adminiftration
intérieure : fous un Roi qui regne par lui-même, les travaux des Miniftres tournent tous à la gloire du Monarque;
tandis que fous un Prince indolent la gloire eft le partage
des Miniftres, les maux feuls font attribués au Souverain.

Les faftes de la nation nous ont uniquement confervé
la mémoire des commiffions importantes qui furent confiées à Suger : après avoir accompagné fon Abbé au Con- 1106.
cile de Poitiers, il affifta aux conférences de Châlons, où 1107.
les Députés de l'Empereur vinrent trouver le Pape au
fujet des inveftitures : *difpute fameufe, où, faute de
s'entendre, les deux parties allerent au-delà de leurs
droits.* (16)

Un jeu de mot termina peu de temps après (*) cette (*)1122.
querelle fanglante, qui avoit alternativement ébranlé le
Trône Impérial & la puiffance temporelle des fouverains
Pontifes : dénouement fingulier, mais bien digne de l'attention de ceux à qui le fort des Empires eft confié !

Parvenu à la dignité d'Abbé, Suger fe trouva au Concile de Latran; *c'eft là qu'il fut témoin des détours &
des fubtilités qu'on imagina pour rompre, fans parjure,
un traité cimenté par la foi des ferments : il y apprit
auffi à connoître la politique adroite & déliée des Ita-
liens.* (17) Auffi fut-il depuis lors conftamment chargé de
négocier toutes les affaires que la France & la Cour de
Rome eurent à difcuter : il les traita avec tant d'art,
qu'il fut toujours allier ce qu'il devoit à fon Roi avec le
refpect qu'il devoit au Chef de l'Eglife, de façon qu'il
mérita également l'approbation de fon Maître & les bonnes graces des Papes.

Calixte II fur-tout l'honoroit d'une telle confiance,
qu'il alloit être élevé à quelque dignité éminente, au
Cardinalat, fans doute, lorfque la mort trancha les jours 1124.
de ce Pontife.

Peu de temps après, Louis-le-Gros jetta les yeux sur lui, pour ménager à Mayence les intérêts de la France : les Princes de l'Empire y étoient assemblés pour donner un successeur à l'Empereur Henri V. Charles, Comte de Flandre, cousin-germain du Roi, étoit au nombre des prétendants à l'Empire ; il avoit pour rivaux Léopold, Marquis d'Autriche, & Lothaire, Duc de Saxe, qui obtint la préférence.

Suger ne put voir sans admiration cette assemblée auguste composée de Souverains, qui se font réservé le pouvoir de choisir leur maître ; il y vit une multitude de Princes, tous en droit de donner leur suffrage, s'en désister en faveur de dix d'entr'eux, & donner ainsi le premier exemple d'un plan, qui, adopté depuis, a souvent préservé l'Allemagne des guerres dont les Etats électifs sont rarement exempts à la mort de leurs Chefs. (18)

Suger ne se borna pas à négocier à Mayence les intérêts de la Couronne, son génie embrasse tous les objets ; le Comte de Morsperg retenoit injustement quelques possessions de l'Abbaye de Saint-Denis ; Suger les réclame, & expose ses droits avec une telle solidité, qu'on ne peut lui refuser un dédommagement avantageux. (19)

Depuis lors uniquement occupé des affaires du Royaume, il mérita de partager les justes éloges que la Monarchie Française doit à l'administration de Louis-le-Gros.

Les rênes du Gouvernement avoient flotté dans les mains du Roi Philippe au gré des passions de la Reine Bertrade ; mais elle avoit en vain cherché à perdre l'Héritier du Trône, le génie de la France veilloit sur ses jours. Ce Prince, également actif & habile, fit prendre une nouvelle face à la Monarchie : c'est lui qui traça les premiers traits de ce plan, qui subjugua successivement tous les grands Vassaux ; plan que Louis XI fut sur le point d'achever, & auquel Richelieu mit la derniere main : l'affranchissement des serfs, l'établissement des communes, la révision des causes jugées par les Cours des Vassaux, furent autant de coups mortels que Louis VI porta au système féodal : mais il ne suffisoit pas d'affoiblir ces superbes feudataires, il n'étoit pas moins important d'augmenter la puissance de la Couronne.

Déja, conseillé par Suger, le Roi avoit fait couronner Louis, l'ainé des fils qui lui restoient ; (20) il assure encore

core

core à ce Prince un furcroît de puiſſance en l'uniſſant à l'Héritiere de Guyenne, qui lui porte pour dot l'Aquitaine, le Poitou & la Gaſcogne.

Bordeaux eſt choiſi pour être le théâtre de cette auguſte union, & Suger eſt nommé par le Roi pour accompagner ſon fils; c'eſt ſous les yeux de ce Miniſtre, que Louis reçoit la main d'Eléonore : mais la voix de la mort ſe fait tout-à-coup entendre au milieu des fêtes de l'hymen. Le Roi meurt, & ſa mort ſemble être le préſage des triſtes ſuites d'une union qui auroit dû aſſurer le bonheur de la France; le deuil qu'elle porta fut d'autant plus profond, que Louis VI méritoit à juſte titre d'être compté à la tête des Rois qui l'éleverent à ce degré de puiſ-ſance où nous la voyons aujourd'hui : il connoiſſoit toute l'importance du rôle que la Providence lui avoit diſtribué, & il ſe fit un devoir d'en inſtruire ſon fils, *Souvenez-vous, lui dit-il peu de temps avant ſon départ, que la Royauté n'eſt qu'une charge publique, dont vous rendrez un compte rigoureux à celui qui ſeul diſpoſe des ſceptres & des couronnes.* Vérité ſublime que les Rois ne devroient jamais perdre de vue, mais qui parvient trop rarement juſqu'à eux !

Les flambeaux de l'hymen s'éteignent, tout eſt plongé dans une ſombre triſteſſe : Suger ſeul, quoiqu'il eut à pleurer ſon bienfaiteur & ſon ami, ne s'occupe que du bien de l'Etat : jouiſſant auprès du nouveau Roi de la même faveur dont ſon pere l'avoit honoré, il arrache Louis des bras de ſon Epouſe, (21) le ramene à Paris, & diſſipe par cette ſage activité les projets ſéditieux de quelques Seigneurs mécontents : la préſence du Monarque empêche le feu de la rebellion d'éclater, mais la tranquillité n'étoit qu'apparente.

Ebloui de la grandeur de ſa fortune, Louis VII croit les plus légers prétextes ſuffiſants pour prendre les armes : tels étoient les droits de ſon épouſe ſur le Comté de Touloufe; en vain Suger le veut détourner de cette entrepriſe dont la juſtice eſt douteuſe; la voix des flatteurs, appuyée des inſtances de la jeune Reine, & plus encore peut-être par l'ambition du Roi, fait mépriſer l'avis que la prudence & l'équité avoient dicté à Suger.

Les armes du Roi ſont malheureuſes, cet échec rend ſa puiſſance moins redoutable, & les mécontents ceſſent de

B

craindre un Prince que la fortune semble abandonner : la Cour de Rome donne la premiere l'exemple du mépris, en mettant le Royaume en interdit au sujet de l'élection d'un Archevêque de Bourges, (22) & en ordonnant à Raoul, Comte de Vermandois, de se réunir à sa premiere femme, dont il s'étoit séparé pour épouser la belle-sœur du Roi.

Le souverain Pontife avoit su mettre dans ses intérêts le Comte de Champagne, Prince puissant, qui cachoit, sous le voile de la Religion, un cœur perfide & turbulent; il étoit frere de la premiere femme du Comte de Vermandois (23), & ce fut le prétexte dont il colora sa rebellion.

Mais bientôt réduit par les armes victorieuses du Roi à implorer sa clémence, il promet d'engager le Pape à lever l'interdit que lui-même avoit sollicité : le Roi content de la soumission & des promesses de son Vassal, licencie son armée : quelle ne fut pas son indignation, en apprenant que dès qu'il a désarmé, les foudres de l'Eglise sont de nouveau lancées contre lui : indigné de cette perfidie, il livre la Champagne à toutes les horreurs de la guerre : les habitants des villes fuyant leurs toits enflammés, & les cultivateurs expirants sur les débris de leurs charrues, attestent de toute part la vengeance du Monarque; sa colere ne connoît plus de bornes, treize cents Français, sujets du Comte de Champagne, sont livrés inhumainement aux flammes dans l'Eglise de Vitri sous les yeux mêmes du Roi de France.

Revenu du premier emportement, ce Prince, dévoré de remords, écoute avec avidité l'Abbé de Clairvaux, qui lui fait envisager la Croisade comme le seul moyen d'expier sa faute.

Depuis un demi-siecle, l'Europe, enivrée d'un faux zele, regardoit comme l'action la plus méritoire, d'usurper sur les légitimes possesseurs les lieux consacrés par l'accomplissement des prophéties, qui ont scellé le testament du Christ du sceau de la Divinité, à qui seule il appartient de prédire les événements futurs.

Les premiers Croisés avoient acheté, par le sacrifice de plus d'un million de Chrétiens, le stérile honneur de donner la Couronne de Jérusalem à l'un de leurs principaux Chefs, & de distribuer à d'autres quelques fiefs considérables : mais ces Princes, presque sans sujets, & rarement unis entr'eux, ne pouvoient résister aux efforts des Musulmans, que par les secours qu'ils recevoient d'Europe, & par la protection de la Cour de Rome.

Déja cette Cour étoit parvenue à ce point de puissance, qui la rendit redoutable aux plus puissants Monarques, & c'étoit en son nom que saint Bernard promettoit le Ciel à ceux qui combattoient sous l'étendard de la Croix ; il étoit l'organe des souvérains Pontifes en France : rien ne résistoit à sa pieuse éloquence, & l'empire qu'il exerçoit sur ses Contemporains peut à peine se concevoir : entraîné par son zele, il n'étoit pas à l'abri de confondre quelquefois la politique des Papes devenus souvérains avec l'autorité du Chef de l'Eglise : instrument de l'ambition du Souverain de Rome, il croyoit ne suivre que la voix du Vicaire de Jésus-Christ : Suger plus éclairé sur les vrais principes de la Religion & sur les intérêts du Royaume, admiroit la piété & les vertus de l'Abbé de Clairvaux sans adopter toutes ses maximes : il respectoit dans le souverain Pontife le successeur des Apôtres ; mais tandis qu'il plioit avec humilité & sans réserve sous le joug de l'Evangile, il savoit s'opposer avec fermeté aux entreprises des Souverains de Rome.

C'est sur-tout à l'occasion de cette Croisade, que la solidité de son jugement brille dans tout son éclat : il n'épargne rien pour rassurer la conscience effrayée du Monarque : sans excuser la barbarie de l'incendie de Vitri, que la fureur même de la guerre ne rend pas moins criminelle, il blâme le moyen de l'expier que l'on propose au Roi : bien éloigné de considérer comme une action expiatoire le sacrifice de cent mille Français & le dépeuplement du Royaume, il ne voit dans la Croisade qu'une guerre pernicieuse à la France, & il ne le dissimule pas : mais quelque grand que soit son crédit, quelque évidentes que soient ses raisons, l'éloquence irrésistible de saint Bernard, soutenue de l'esprit du temps, l'emporte.

La même ferveur qui avoit armé les premiers Croisés à Clermont, se renouvelle à Vezelai : le vœu de la nation fut confirmé à Chartres, & ensuite à Etampes ; mais si l'esprit de vertige présidoit à ces assemblées, lorsqu'elles prenoient la funeste résolution de dépeupler le Royaume pour conquérir la Palestine, la sagesse la plus profonde ne brilla pas moins dans leurs délibérations, lorsqu'elles s'occupèrent du soin de régler l'adminiſtration du Royaume.

De quelle importance n'étoit-il pas de nommer un Régent également reſpectable aux Grands & au Peuple ; également capable de gouverner avec ſageſſe & de pourvoir aux beſoins du Souverain abſent ; également ferme & équitable dans l'adminiſtration de la juſtice, & incapable de ſéduction & de ſurpriſe ?

Depuis long-temps la France révéroit dans Suger l'aſſemblage ſi rare de ces éminentes qualités : on l'avoit vu ſous Louis VI les employer à ſeconder ſon Roi, & ſous ſon ſucceſſeur les faire ſervir à réparer les fautes du jeune Monarque : ce furent ces mêmes qualités qui réunirent en ſa faveur les voix de tous les ordres de l'Etat : il eſt proclamé unanimement Régent ; lui ſeul s'oppoſe à ſon élévation : il ſentoit tout le poids du fardeau dont on le vouloit charger : ſa réſiſtance n'eſt pas une vaine oſtentation ; plus il connoît l'étendue & l'importance des devoirs d'un Régent, plus il les croit au-deſſus de ſes forces : on a recours au Pape, & Suger, ſoumis à ſon Chef ſpirituel, regarde comme une obligation d'accepter un honneur dont ſa modeſtie le rend plus digne encore.

Si jamais on doit ſe plaindre de la maniere dont les anciens Annaliſtes écrivoient l'hiſtoire, c'eſt lorſque leur manie de s'appeſantir ſur le récit des hauts faits d'armes nous prive des lumieres qu'ils auroient pu nous tranſmettre ſur l'adminiſtration intérieure des Monarchies. A peine connoiſſons-nous quelques détails de la régence de Suger : toutes les voix de ſes Contemporains s'élevent à l'envi pour faire retentir la poſtérité de ſes éloges ; mais perſonne n'a entrepris d'écrire une hiſtoire détaillée de ſa régence : (24) on croyoit ſans doute alors que les actions de cet homme célebre ne pouvoient s'effacer du ſouvenir des Français : il n'eſt parvenu juſqu'à nous qu'une foible eſquiſſe de l'Etat floriſſant où ſe trouva la France au retour du Roi ; mais toute imparfaite qu'elle eſt, elle ſuffit pour nous donner la plus haute idée de la ſageſſe ſublime de Suger : quand on conſidere que ſa régence ne dura pas trois ans, on ne peut ſe refuſer à un mouvement de ſurpriſe, en comparant ce qu'il a fait avec le peu de temps qu'il a employé à l'exécution de ſes projets : comment ne ſerions-nous pas frappés d'étonnement & d'admiration ? les plus grands hommes de son siecle ne purent s'en défendre.

Les Rois d'Angleterre, d'Ecosse & de Sicile lui en donnerent les témoignages les plus éclatants ; (25) un Prélat étranger ne craint pas de traverser les mers pour jouir de sa présence, & entendre la sagesse s'exprimer par sa bouche : les plus grands Seigneurs du Royaume (& les Seigneurs étoient alors autant de Souverains) le consultoient avec confiance, & se faisoient gloire de son amitié : aussi jamais Ministre n'avoit-il joui d'une réputation plus méritée.

Uniquement redevable de son élévation à son mérite & à l'estime de son Maître, les affaires absorboient tous ses moments ; il ne devoit en consacrer aucun aux intrigues de Cour, ressource trop souvent nécessaire aux Grands pour conserver les places qu'elles leur ont procurées ; enflammé de l'amour sacré de la Patrie, ses travaux n'avoient pour but que le bonheur & la gloire de la France ; élevé au faîte des honneurs, il ne les regardoit que comme une charge dont il étoit responsable à la Monarchie, & non comme un moyen de satisfaire son ambition, en élevant sa famille au rang de ces races antiques, que la nation révere comme les rejettons de ses premiers Héros ; supérieur à la place même qu'il occupoit, il auroit quitté le timon des affaires avec une satisfaction égale au désespoir, que savent si rarement dissimuler ceux qui rentrent dans la classe des hommes privés, après avoir joué un grand rôle dans l'Etat.

Tandis que Louis cherche à cueillir en Palestine des lauriers teints d'un sang qu'un siecle moins superstitieux eût epargné, le Régent, convaincu que le premier devoir d'un Souverain est de faire regner la paix dans ses Etats, n'omet rien pour réprimer les brigandages, que le départ du Roi avoit multipliés : il ne se borne pas à employer les forces du Royaume dont il est dépositaire ; il s'arme aussi des foudres spirituelles que Rome lui abandonne avec cette confiance que le caractere de Suger inspiroit.

Les cabales sont dissipées, les désordres sont arrêtés, les crimes cessent sans qu'il en coûte de sang à la France : les ordres du Régent étoient observés d'une extrêmité du Royaume à l'autre, avec cette inclination qui porte tout sujet à se soumettre avec plaisir aux loix, quand il sent que c'est à leur exécution que son bonheur est attaché.

Hommes pervers & esclaves des Cours, vous cherchez en vain à consacrer comme un axiome la maxime qu'il faut faire du bien au peuple malgré lui : personne n'apprécie mieux que le peuple les effets d'une loi; sa félicité doit en être le but, c'est à lui à juger si elle la lui procure.

O vous, qui êtes l'organe du Souverain, vous à qui il confie la prérogative la plus précieuse de sa Couronne, celle de dicter les loix ! voulez-vous savoir si elles produisent les effets salutaires que vous en avez sans doute espéré ? quittez le séjour de la Cour, éloignez-vous de ces flatteurs qui empêchent la vérité de pénétrer jusqu'à vous, transportez-vous dans les lieux où les spéculations de votre cabinet sont devenues la regle de la conduite de vos Concitoyens : étudiez-y les suites de vos décrets : je sais combien il est dur de quitter l'illusion des plaisirs & l'encens qu'on est habitué de voir fumer autour de soi : mais si vous avez osé vous charger du soin de prescrire des loix à un peuple entier, ayez aussi le courage de chercher à vous rendre digne de cet auguste emploi en vous jugeant vous-même.

Si c'est aux loix qui sont votre ouvrage que le citoyen est redevable de son bonheur, vous l'entendrez vous bénir, & jamais jouissance ne vous aura affecté plus délicieusement : si vous vous êtes trompé, vous recueillerez l'inestimable avantage de sauver votre réputation en abolissant une loi inutile ou pernicieuse.

Dès que Suger a rétabli la tranquillité, semblable à un nocher qui profite du calme pour réparer son vaisseau échappé à la tempête, il ne s'occupe qu'à perfectionner l'administration du Royaume : l'ordre introduit dans les Finances met le Régent à même de rendre aux Maisons Royales leur ancien éclat, de relever les forteresses hors d'état de défense, & d'introduire une milice toujours prête à faire trembler les perturbateurs du repos public. (26)

Mais ce qui atteste bien plus encore les talents de Suger, c'est l'art qu'il eut de fournir à ces dépenses sans toucher aux revenus ordinaires du Roi : ils lui furent envoyés en Asie ou remis à son retour : quelles furent les sources où il puisa ces secours ? Le voile du temps les dérobe à nos recherches.

Je ne m'efforcerai pas à suppléer au silence des Historiens, persuadé que l'ignorance qui naît de la stérilité des faits est préférable aux conjectures, qui ne sont le fruit que d'une imagination feconde ; mais l'Histoire nous a conservé avec quelle prudence Suger sut toujours se tenir dans les bornes que lui prescrivoit une piété judicieuse, lorsqu'il s'agissoit d'affaires ecclésiastiques : il pesoit dans une juste balance les prérogatives de la Couronne & celles de la tiare : aussi les Evêques le respectoient-ils comme l'organe du Chef de l'Eglise, & les Grands du Royaume comme le défenseur des privileges de la Monarchie.

Les Prélats élus cherchent-ils à méconnoître l'autorité du Roi ? il sait en faire respecter les droits. La discipline se relâche-t-elle ? il emploie une juste sévérité pour rétablir la régularité. (27) L'hérésie tente-t-elle d'infecter la France ? il offre Rheims au Pape pour y assembler un Concile destiné à examiner les opinions nouvelles : assez puissant pour écraser les Novateurs du poids de son autorité, assez éclairé pour faire briller à leurs yeux la lumière de l'Evangile, il est assez modeste pour n'employer ni son pouvoir ni ses talents : c'est à l'Eglise qu'il remet la décision des doutes sur lesquels il ne croit pas devoir prononcer : il plaint ceux qui ont le malheur d'altérer les vérités révélées ; mais, sans sévir contre leurs personnes, il ne s'attache qu'à anéantir leurs erreurs, lorsqu'elles ne servent pas de prétexte aux troubles que le brigandage ne suscite que trop souvent sous le masque du fanatisme. (28)

Exemple de modération rare, dans un siecle sur-tout où l'Europe entiere regardoit comme une action méritoire d'exterminer par le glaive les ennemis de la Religion chrétienne, & les Chrétiens mêmes qui ne la professoient pas dans toute sa pureté.

Inébranlable dans ses résolutions, lorsqu'il est convaincu qu'elles sont nécessaires au bonheur de la France, il sacrifie sans peine son opinion lorsqu'il juge que ce sacrifice ne nuira pas à l'Etat : il croyoit l'élection du Doyen de l'Eglise de Paris vicieuse, c'est au Pape qu'il expose ses raisons ; le Pontife ne les trouve pas suffisantes, le Doyen reste en place, & Suger cesse de s'y opposer : preuve honorable de sa facilité à subordonner son amour-propre au bien-être de la Monarchie : aussi le vit-on toujours se conduire sans crainte, sans passion, sans intérêt personnel.

Tandis que le Royaume devenoit chaque jour plus flo-rissant sous le gouvernement de Suger, l'Armée Française étoit en proie à la perfidie des Grecs, au fer des Infi-deles & à l'indiscipline de ses Chefs. (29) Le Roi lui-même n'avoit échappé qu'avec peine à tant de dangers : après avoir vu périr sous ses yeux l'élite de la Noblesse Française, il se trouve réduit à faire le voyage de Jéru-salem plutôt en pélerin qu'en Monarque puissant.

Robert, Comte de Dreux, son frere, rebuté du mau-vais succès de la Croisade, repasse la mer, & peint à son retour la conduite du Roi avec les couleurs les plus pro-pres à la rendre odieuse au peuple, dont il cherche à al-lumer le mécontentement pour en profiter dans la suite : le Régent prévoit le danger sans le craindre, son pre-mier soin est d'en instruire le Roi ; il songe ensuite à sou-tenir son autorité, qui ne pouvoit être méprisée sans com-promettre celle du Monarque.

De tout temps la Nation Française a joui du droit pré-cieux de s'assembler dans les grandes secousses de la Mo-narchie, mais la voix du Chef de l'Etat peut seule con-voquer & légitimer ces assemblées nationales : Suger sait allier au respect qu'il doit au sang de ses maîtres la fer-meté qu'exige le rang auquel il est élevé : il juge qu'il n'appartient qu'à la nation en corps de s'opposer à une cabale dont le Chef est frere de son Roi. La tenue des Etats est résolue.

C'est là que la nation en corps fait entendre sa voix, c'est là que chacun sent qu'il est membre de la Mo-narchie, & que ce sentiment si noble fait éclorre ces prin-cipes utiles que l'inaction étouffe : c'est là que la vérité paroît sans voile, & qu'on se fait gloire de déployer toute l'énergie de son ame devant ses concitoyens. O vous, que votre naissance ou vos emplois appellent à ces assemblées augustes, permettez que je vous interroge ; n'y avez-vous pas vu souvent des hommes, jusqu'alors inconnus, y paroître sous un nouveau jour, & y briller par des connois-sances & des vertus que le défaut d'occasion avoit laissées dans l'oubli.

N'y avez-vous pas vu souvent la vérité résulter du choc des opinions, & les résolutions les plus sages dictées au milieu du tumulte le moins propre en apparence à les inspirer ?

A la voix de Suger, les Prélats & les Grands du Royaume

se rendent à Soissons, il est l'ame de cette assemblée, l'esprit de révolte y est étouffé, & la gloire du Régent y reçoit un nouveau lustre.

L'envie terrassée ne pouvant l'attaquer ouvertement, a recours à la calomnie : on cherche à le perdre dans l'esprit de son Maître ; mais le mérite de Suger est pour lui une égide impénétrable : tous les traits qui lui sont lancés s'émoussent contre elle. Des bords de la Seine à ceux du Tibre, toutes les voix s'élevent de concert pour célébrer sa sagesse : Louis, en revenant de la Palestine, s'arrête à Rome : là, le souverain Pontife dissipe, par le simple récit de ce qu'a fait le Régent, les nuages qui peut-être s'étoient formés dans l'ame du Roi.

De retour en France, tout lui atteste la grandeur des services de Suger ; tous les objets qui le frappent, sont autant de monuments de la sagesse de son Ministre, & autant de titres qu'il s'est acquis à la reconnoissance de son Maître.

Pénétré des obligations qu'il a au Régent, le Roi ne reprend les rênes du Gouvernement que pour les tenir d'après ses conseils, & Suger continue d'être le génie tutélaire de la France.

Un nouvel orage se formoit : la Reine Éléonore avoit suivi le Roi en Palestine ; arrivée à la Cour de Raimond, souverain d'Antioche, son oncle, ses liaisons avec ce Prince exciterent les soupçons du Roi : la jalousie s'empare du cœur de Louis ; passion dangereuse, & d'autant plus difficile à dompter, que souvent elle ne doit son origine qu'à une imagination ombrageuse, qui s'effraie des fantômes qu'elle-même a créés ! passion indigne de troubler une ame que le bien public devroit seul affecter, & que les Rois devroient mépriser à l'exemple de Marc-Aurele, de ce Prince si digne d'être proposé pour modele aux Souverains, & qui le premier fit monter la saine Philosophie sur le Trône. (30)

Ainsi que l'on vit depuis le meilleur & le plus grand des Monarques épancher ses chagrins domestiques dans le sein de Sulli ; tel Louis VII confie à Suger, même avant son retour, les peines dont son cœur est déchiré & le divorce qu'il médite : ce Ministre, frappé des suites que peut avoir la jalousie de l'époux de l'Héritiere de Guyenne, n'épargne rien pour prévenir le coup que cette désunion va porter à la Monarchie : ſa profonde politique lui fait prévoir que cette démarche inconſidérée allumera dans l'ame d'Eléonore un deſir de vengeance d'autant plus à redouter, qu'un ennemi puiſſant pourra en recueillir le fruit : vérité que l'expérience ne tarda pas à confirmer ! (31)

En vain le Roi croit-il que les raiſons qui lui font deſirer ce divorce empêcheront Eléonore de trouver un nouvel époux : Suger a trop étudié le cœur humain pour ignorer que l'ambition ne redoute guere de pareils obſtacles ; & tel eſt l'Empire de la vertu, qu'auſſi longtemps que ce Miniſtre fidele eſt conſervé à la France, ce fatal divorce eſt différé.

Tandis qu'il travaille ſi efficacement à aſſoupir les diſſentions intérieures qui agitent la Cour ; il ne cherche pas avec moins d'ardeur à maintenir l'honneur de la Couronne, & à en augmenter les domaines : le Duché de Normandie eſt aſſuré par le Roi de France au fils du Comte d'Anjou, & le Vexin Normand eſt le prix de la protection de la France.

Par cette protection accordée ſi à propos, la Normandie eſt ſéparée de l'Angleterre : ce Royaume reſte entre les mains d'Etienne, fils du Comte de Blois, qui l'avoit uſurpé : c'eſt ainſi que Suger ſavoit employer alternativement le repos de la paix à rétablir l'ordre dans le Royaume & les troubles de la guerre à en augmenter la puiſſance.

Mais à peine la tranquillité eſt-elle rétablie, que la reconnoiſſance eſt effacée du cœur du nouveau Duc de Normandie ; bientôt oubliant les bienfaits de ſon Protecteur, & les devoirs d'un Vaſſal, il brave l'ordre que lui fait intimer Louis, de comparoître à la Cour des Pairs, pour y rendre compte de ſa conduite à l'égard d'un de ſes Vaſſaux.

Sous un Miniſtre tel que Suger on ne déſobéit pas impunément, le froid de l'âge n'a nullement glacé ſon courage, le refus du Duc de Normandie eſt le ſignal de la vengeance, ſes Etats ſont envahis, & lui-même eſt bientôt forcé à recevoir la loi de ſon ſuzerain vainqueur.

C'eſt ainſi que Suger rendoit le Royaume auſſi reſpectable que floriſſant ; mais ſon génie eſt ſi vaſte, qu'il ne borne pas ſes projets à l'intérieur de la France ; il veut

que la gloire de la Nation Française brille sans tache dans
tous les climats : il avoit désapprouvé la Croisade lorsqu'elle
devoit priver la France de la présence de son Souverain ;
mais le mauvais succès de cette expédition lui fait regar-
der comme un devoir de réparer l'honneur de la nation,
qu'une valeur inconsidérée avoit compromis : il conçoit
le projet d'une nouvelle Croisade, & déja il se préparoit
à mener lui-même un secours puissant aux Chrétiens de la
Palestine, lorsque le dépérissement de ses forces l'avertit
que sa fin approchoit.

Forcé de renoncer à la gloire de faire oublier à l'Asie
les désastres de la France, il confie à quelques Chevaliers
illustres les sommes considérables qu'il destinoit à cette
expédition.

Pour lui, jettant un regard tranquille sur le cours de
sa vie, il envisage d'un œil assuré la nouvelle carriere
que la mort va ouvrir à son ame, & sa mémoire prête
à comparoître au tribunal sévere de la postérité.

Les larmes de son Souverain & de ses Concitoyens
se mêlerent sur ses cendres, mais ce ne fut pas dans la
tombe qu'il reçut l'honneur tardif d'être appellé le pere
de la patrie : (32) dès son vivant, ce titre si glorieux
lui fut décerné par une acclamation unanime de toutes
les classes de la nation. C'est ainsi, ô François ! que vos
Ancêtres accorderent à Suger le même honneur que le
peuple Romain avoit accordé à Cicéron : répétons de
concert aujourd'hui ce que Pline disoit du plus éloquent
des mortels : *Honneur à celui qui le premier de tous
a porté le titre de pere de la patrie !* (33)

NOTES.

(1) Suger, né vers 1081, étoit frere d'Alvise, Evêque d'Arras, que Gazet (Hist. Eccléfiaftique des Pays-Bas, p. 114) nous apprend avoir été Flamand d'origine : leur Pere se nommoit Elinand.

C'est en vain qu'on a cherché à illuftrer la famille de Suger, il nous apprend lui-même la baffeffe de fon origine en s'exprimant en ces termes : *Novit enim (Deus) infufficientiam noftri tam generis quàm fcientiæ.* (Hift. de Louis-le-Gros, Collection de Du Chêne, T. IV, p. 311.) Elle eft également atteftée par Guillaume fon difciple, Auteur de fa Vie. (Liv. premier, §. 3.)

„ C'est en vain, écrit-il, que les envieux de cet homme „ illuftre (Suger) lui reprochent la baffeffe de fon origine, „ aveugles & imbécilles qu'ils font, ils ne confidérent pas „ qu'il eft bien plus glorieux d'anoblir fa famille, que de „ naître d'une maifon illuftre.

(2) J. J. Rouffeau, Difcours couronné par l'Académie de Dijon en 1750.

(3) Vie de Suger, livre 1er. §. IV.

(4) Une phrafe dont il fe fert dans la Vie de Louis-le-Gros (Collect. de Du Ch. p. 295, T. IV.) me fait croire qu'il avoit étudié la Phyfique : en parlant du naufrage de la Famille Royale d'Angleterre, il dit, *Filios & filiam naufragatos, & à pifcibus devoratos, & convertibiliter phyficè transformatos.*

(5) Le Chancelier de l'Hôpital écrivoit au Cardinal de Tournon :

„ Je lifois les Annales des Rois de France écrites natu„ rellement & fans fard, & je n'y trouvois pas moins d'at„ traits que dans ces magnifiques hiftoires que la Grece a „ tant de peine à rendre vraifemblables.

(6) On trouve fur cet objet un Mémoire intéreffant, de M. de la Curne, dans le XI vol. in-4°. des Mémoires de l'Académie des Infcriptions, p. 580.

(7) Il entrelace souvent son Histoire de vers entiers.

(8) Une de ses Lettres, (la 153me. de celles imprimées dans la Coll. de Du Ch.) nous en offre un exemple digne d'être connu. Ecoutons-le lui-même : il écrit à Géofroi, Comte d'Anjou.

„ Je n'oublierai jamais l'amitié dont m'honora toute sa vie „ Henri, Roi d'Angleterre ; il veilloit, même au milieu des „ troubles de la guerre, à la conservation des biens de l'Ab- „ baye de Saint-Denis, & il continuoit à m'honorer de ses „ bonnes graces. Il ne dédaignoit pas, tout grand qu'il étoit, „ de venir à ma rencontre, & de traiter avec moi des con- „ ditions de la paix ; *même à l'insu de ses propres sujets.*

(9) (Vie de Louis-le-Gros, p. 310 & 311. Coll. de Du Ch. T. IV.)

Je crois devoir emprunter ici les propres termes de Suger.

„ Eveillé dès la pointe du jour, je vis venir à moi un „ jeune homme qui m'étoit connu, la tristesse & la joie „ se peignoient également sur son visage, il m'annonça la „ mort de mon Abbé, & le choix que les Religieux de „ Saint-Denis avoient fait unanimement de moi pour le „ remplacer.

„ Il m'apprit en même temps, que lorsque les plus dis- „ tingués de la Communauté, & les Vassaux les plus illus- „ tres du Monastere, avoient demandé au Roi de confir- „ mer mon élection ; ce Prince, indigné de ce qu'elle s'é- „ toit faite à son insu, les avoit envoyés prisonniers dans „ le Château d'Orléans.

(10) Il existe un Ouvrage intitulé : *De l'Administration Abbatiale de l'Abbé Suger.* L'Historien de Saint-Denis l'a fait imprimer dans son Ouvrage ; il l'est aussi dans le 4me. vol. de la Collection de Du Chêne.

(11) La magnificence des ornements que Suger fit faire, se trouve décrite dans le Livre de son Administration Abba- tiale ; on y voit avec quelle profusion il y employa l'or & les pierreries, le bronze & l'ivoire, & avec quel art ces dif- férents ouvrages furent exécutés. Cet Ouvrage est si connu, que j'ai cru pouvoir me borner à le citer.

(12) „ Pour obvier à l'inconvénient de ses absences fré-
„ quentes & indispensables, Suger eut l'attention de se don-
„ ner un second, propre à le remplacer. Ce fut le Moine
„ Hervé, qu'il nomma Grand-Prieur, homme à la vérité
„ d'une capacité médiocre, mais d'une prudence & d'un
„ zele sur lesquels il pouvoit se reposer. (Hist. littéraire,
T. XII, p. 369.)

(13) La Chronique de Guillaume de Nangis, Religieux
de Saint-Denis, qui vivoit dans le treizieme siecle, rapporte
la réforme de Saint-Denis en 1123. Si saint Bernard n'écrivit
qu'en 1127 à l'Abbé Suger pour le féliciter sur cet acte de
piété, c'est que l'Abbé de Saint-Denis fut presque toujours
absent jusqu'alors.

(14) Le Président Henault comprend tous les revenus du
Roi sous le nom de *Domaines*. On peut, dit-il, les divi-
ser sous neuf especes, (An. 992) les produits des justices
des Bailliages & Prévôtés Royales, les produits des terres
domaniales, la gruerie, le cens, & autres droits seigneu-
riaux, la régale, les droits d'entrée & de sortie, la monnoie,
les droits de procuration ou de gite, les impositions sur les
Juifs.

(15) Depuis Hugues-Capet jusqu'à Philippe-Auguste, il
n'est pas fait mention d'Armées Françaises sur la mer. (Daniel,
Hist. de la Milice Française, T. 2, p. 445.)

(16) Abrégé chronologique, an. 1003, 4 & 5.

(17) Hist. littéraire, T. XII.

(18) Hist. d'Allemagne, T. IV. p. 543 & 544. Les Elec-
teurs furent réduits au nombre de sept dès 1240 : ce fut la
Bulle d'or de 1356 qui fixa ce nombre irrévocablement.

(19) La transaction passée en 1125, entre le Comte de
Morsperg & l'Abbaye de Saint-Denis, se trouve parmi les
preuves de l'histoire de cette Abbaye, p. 94.

(20) Philippe, fils ainé de Louis-le-Gros, étoit mort
en 1131, il avoit été couronné du vivant de son pere en 1129.

(21) Eléonore suivit le Roi à petites journées, selon la
Chronique de Morigni.

(22) Alberic, Archevêque de Bourges, étant mort, le Pape fit élire à sa place Pierre de la Châtre, qu'il envoya prendre possession sans attendre le consentement du Roi : le Monarque, indigné de cette hardiesse, jura que jamais Pierre ne seroit Archevêque de Bourges, permettant à cette Eglise de choisir tel autre Prélat qu'il lui plairoit. Les Chanoines en conséquence élurent Cadurcus, Ecclésiastique de la Chapelle du Roi, & Archidiacre de leur Cathédrale. (Hist. de France par Mr. l'Abbé Velly, T. 2, p. 43.)

(23) J'ai suivi le sentiment du Pere Anselme ; il n'est pas généralement admis ; d'autres pensent que la premiere femme du Comte de Vermandois étoit niece, ou même cousine germaine du Comte de Champagne.

(24) La Vie de Suger, écrite par le Moine Guillaume, l'un de ses disciples, est plutôt une éloge qu'une histoire.

(25) L'Evêque de Salisberi.

(26) Vie de Suger par Guillaume, Moine de Saint-Denis, son disciple.

(27) Il réforma le Chapitre de Compiegne & l'Abbaye de Sainte-Genevieve.

(28) Gilbert de la Porée, Evêque de Poitiers, dont les sentiments furent condamnés au Concile de Rheims, conserva son Evêché jusqu'à sa mort, arrivée en 1154.

(29) L'indiscipline de Géofroi de Rançon, Seigneur de Taillebourg, fut cause de la perte de l'Armée Française.

(30) Je n'ignore pas que l'on a souvent blâmé l'excessive indulgence de Marc-Aurele pour l'Impératrice Faustine ; mais si ce grand homme a cru devoir affecter d'ignorer les débauches publiques & excessives de son épouse, Louis VII ne pouvoit-il pas suivre cet exemple vis-à-vis d'Eléonore, dont la conduite ne fut tout au plus qu'équivoque !

(31) Le discours suivant, tiré des Annales d'Aquitaine par J. Bouchet, (fol. 79, éd. de 1557) peint trop naïvement les raisons qui engagerent Louis VII à répudier Eléonore d'A-quitaine, pour ne pas l'apporter en preuve de ce que j'ai dit de la jalousie du Roi.

Le Conseil assemblé à Boigenci, la question fut mise en délibération par l'Archevêque de Langres, lequel y fut semblablement appellé, disant ce qui s'ensuit:

„ Vous sçavez, Messieurs, jacoit ce que notre Seigneur
„ Jesus-Christ ayt dit, que l'homme ne peut séparer ceux
„ que Dieu a conjoincts par mariage, toute fois il en a ex-
„ cepté un cas, qui est quand l'un ou l'autre commet adul-
„ tere, car s'il advient, peuvent être dissoubs & séparés.
„ Or, Messieurs, il est vrai, comme le Roi me faict dire,
„ qu'on voyage d'outtremer (duquel à Dieu grace il est re-
„ tourné) par le grant amour qu'il avoit à Madame Alienor
„ son épouse, il la mena avec lui, tant pour visiter les
„ saincts Lieux de Hiérusalem, que voir Haymond, Duc
„ d'Antioche, oncle de ma dicte Dame, & par le moien
„ desquels le Roi s'attendoit bien avoir secours & aide
„ audict pays pour parfaire son entrenprise.

„ Neantmoins ma dicte Dame sans propos, cause ne rai-
„ son, & pour une legiéereté voulut laisser le Roi son
„ époux, & s'habandonner à Souldan Saladin, dont elle
„ avoit veu limage & pour sans interval traicture & en ce
„ faisant trahier le Roi & toute son armée, le tout par le
„ conseil dudict Haimond, son oncle, la quelle maulvaise &
„ damnée entreprise ne fut exécutée comme Dieu le voulut
„ au moien de la grand diligence que le Roi seit de se retirer
„ de ce danger dont il ne se déclara jamais à madicte Dame,
„ toute fois il a toujours porté ce faix sur le cœur, & ne se
„ fie aucunement en elle & vouldroit bien faire divorce s'il
„ voyoit que la chose fut raisonnable, & que Dieu n'y fust
„ offensé. Car ainsi qu'il dit ne sera jamais assuré de la lignée
„ qui viendra d'elle.

Cette harangue montre dans tout son jour la façon de pen-
ser du Roi. Mais l'Archevêque de Bordeaux parvint à le
contenter, sans se servir des moyens odieux allégués par celui
de Langres. Il se servit du prétexte si commun alors de la
parenté, & le divorce fut décidé sur les preuves qu'il en
produisit.

(32) *Tam à populo quàm principe pater appellatus est patriæ.* (Vie de Suger, L. 3, §. 7.)

(33) Pline, L. VII, Ch. 30. *Salve, primus omnium pa-
rens patriæ appellate.*